Udgivet af: toowoo.com

Copyright © 2015 Evelyn Wood

Alle rettigheder forbeholdes.

ISBN:978-0-9934145-1-0

Tag på opdagelse med Too Woo

Sommerfuglenes magiske verden

Denne bog tilhører

....

En gave fra

....

DEDIKATION

Denne bog er dedikeret til

Mine venner Margit Eichstedlund & Lis Markussen med tak

for deres opmuntring og støtte

&

Min vidunderlige hustru Aselle som tak for al hendes støtte.

OGSÅ TAK TIL

Lynn Smith-Davies, hvis kyndige redigering (og tålmodighed) forvandlede min mærkelige struktur og undertiden bizarre tegnsætning til en sammenhængende historie. Jeg kan ikke takke hende nok.

Under arbejdet med at skrive denne bog har jeg gjort brug af både trykte kilder og kilder på internettet og har kontrolleret oplysningerne på kryds og tværs, sommetider op til et dusin gange. For selv om det ikke er meningen, at min lille bog skal være videnskabelig, så har jeg alligevel forsøgt at gøre den så præcis som mulig – eventuelle fejl tager jeg helt ansvaret for. På side 19 kan du finde en fortegnelse over nyttige bøger og hjemmesider.

Jeg har gjort brug af følgende opslagsværker: Oxford English, Cambridge Advanced Learners, Miriam Webster, Dictionary.com, The Online Etymology Dictionary og American Heritage Dictionary.

Tag på opdagelse med Too Woo

Sommerfuglenes magiske verden

Skrevet og illustreret af
Evelyn Wood
Oversat af Lis Markussen

Evelyn Wood

TOO WOO og sommerfuglenes magiske verden

Jeg er Too Woo, og her kommer historien om sommerfugle. De er nogle fantastiske skabninger, der begynder deres liv som bitte små æg, der derefter udklækkes som sommerfuglelarver. Og de spiser og spiser, indtil de forpupper sig og til sidst bliver til sommerfugle.

Lær nogle interessante facts og nye ord, som forklares på side 12.

Der er også en historie om en grådig edderkop.

Jeg vil guide dig på vores opdagelsesrejse.

Besøg mig på www.too-woo.com/

Der findes mellem 15.000 og 20.000 sommerfuglearter i verden, mens der kun er 340 hunderacer og omkring 70 katteracer – det er forbløffende!

Sommerfuglehunnen udvælger sig en stærk og glad plante og lægger omkring 200 æg under et blad, så de er godt skjulte.

Det gør den for at beskytte dem, men kun omkring 10 af dem overlever! De øvrige dør på grund af vind og vejr, eller de bliver spist.

Ægget er på størrelse med et knappenålshoved•(2 mm); babylarven udklækkes efter en uge og er så stor – (3 mm).

Larverne er meget kræsne, og de fleste arter vil kun spise én bestemt slags planter.

Sommerfuglelarver spiser først deres egen æggeskal, og derefter spiser de kun blade - og de spiser og spiser, indtil de efter 2 til 3 uger er vokset til denne størrelse (5 cm).

"Hold op med at æde mig — du er så grådig! Du har ikke bestilt andet end at spise, lige siden du poppede ud af dit æg", klager blomsten.

"Jeg er ikke grådig. Jeg er sulten", siger sommerfuglelarven.

Blomsten er meget gnaven. "Du ville være en rigtig lækkerbisken for fugle, firben, edderkopper, hvepse, fluer, biller og mange andre af naturens skabninger, som også er sultne".

"Åh nej!", skriger sommerfuglelarven.

Hun er heldig med, at hendes mor har valgt et område, hvor der er myrer, som beskytter hende og til gengæld nyder godt af den søde væske på hendes hud.

Her går modige myrer til angreb på en hveps, mens sommerfuglelarven gemmer sig.

Nogle sommerfuglelarver kan camouflere sig ved at lave skrækindgydende mærker på kroppen eller endda ved at spise ting, som gør dem giftige eller får dem til at lugte afskyeligt. Det er for at narre sultne fjender.

Vi har set, hvor hurtigt sommerfuglelarver vokser.
Tænk, hvis du også gjorde det?

Så ville du være 8 meter høj.
(Det er lige så højt som en indisk elefant på taget
af en dobbeltdækkerbus).

Og du ville veje 1,5 tons lige som fru Flodhest.

Forestil dig det!

Sommerfugle er insekter. Insekter har 6 ben, men sommerfuglelarver har 16. På brystet har de seks rigtige ben, mens de otte ben, de har på maven, og de to på underkroppen, kaldes "gangvorter"; dem bruger de til at gå på planter med. Når sommerfuglelarven forpupper sig, mister den gangvorterne.

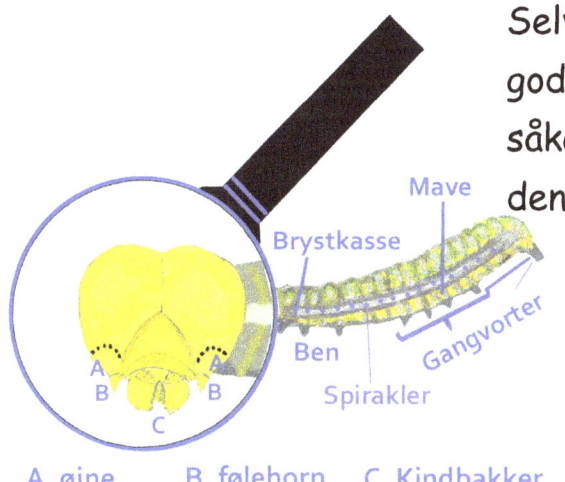

Selv om den har 12 øjne, ser den ikke særlig godt, så derfor har den små fine hår (setae), såkaldte børster, over hele kroppen. Dem bruger den som følere.

Sommerfuglen har ud over sine 16 ben 12 punktøjne, men du kan kun se dem under lup.

Kindbakkerne er stærke kæber, der bruges til at rive blade i stykker med, før de puttes i munden. (Det har du tænder til).

Har du lagt mærke til, at sommerfuglelarven ikke har nogen næse? Den bruger sine følehorn til at lugte med, og den har særlige porer, der kaldes spirakler (åndehuller), som den trækker vejret igennem.

Efterhånden som en sommerfuglelarve vokser, er den nødt til at skifte huden ud. Det er fordi dens ydre larvehud ikke kan vokse. Så i stedet for at lade huden revne med et POP, skifter sommerfuglelarven hud fire til fem gange ved at krænge sig ud af den gamle hud og lade en ny vokse frem. Og for hver gang den skifter hud, bliver den større og større.

Efter 2 til 3 uger, når sommerfuglelarven har vokset sig stor nok, er den klar til at begynde forvandlingen til sommerfugl.

Forvandlingen (metamorfosen) begynder med det sidste hudskifte, hvorefter larven forpupper sig.

FAKTA

Larver har ikke noget skelet. De har i stedet et "eksoskelet", et græsk ord, der betyder "ydre hudskelet".

Larverne fra sommerfugle og natsværmere kan lave silke. De er i familie med hinanden, men natsværmere er vågne om natten, og sommerfugle er, lige som dig, vågne om dagen.

Den silke, som silkestoffer er lavet af, kommer fra silkeormen. Silkeormen er ikke en orm men silkesommerfuglens larve, og den spiser kun morbærblade.

Når sommerfuglelarver forpupper sig, spinder de en silketråd, som de hænger sig i med hovedet nedad, og laver en puppe af deres seneste larvehud.

Larver af natsværmere spinder en kokon af silke og forvandler sig til en natsværmer inde i kokonen. Silken til det tøj, vi går i, laves af silkeormens kokoner."

Sommerfuglelarven spinder en tråd af silke og binder sig selv fast til et blad eller en kvist.

Efter at have hængt med hovedet nedad en til to dage begynder larven at vride sig som en vanvittig.

Derefter brister sommerfuglelarvens hud for sidste gang.

Larven laver sin puppe ved at krænge den gamle hud af – her er den halvvejs igennem.

Sidste opgave er at skubbe de resterende pupperester væk.

Den nye hud hærder og bliver til kokonen.

Når kokonen er færdig, begynder magien! Larven producerer et specielt kemisk stof, som nedbryder puppen og bliver til en suppe inde i kokonen. I denne suppe flyder der bitte små imaginalskiver, som indeholder anlæg til sommerfuglens organer, og puppen bruger dem og suppen til at forvandle sig til en sommerfugl.

Forvandlingen tager som regel en til to uger, selv om den for nogle arters vedkommende kan vare op til flere måneder.

Når de magiske forandringer under metamorfosen er afsluttet, er tidspunktet kommet, hvor sommerfuglen skal bryde ud af sin kokon. Den begynder at frigive et kemisk stof, som blødgør kokonen. Når kokonhuden er blevet blød, kan den begynde at skubbe sig ud.

Den hænger ned fra kokonen og pumper væske ind i årerne på vingerne for at få dem til at brede sig ud. Vingerne er lavet af et gennemsigtigt stof, der kaldes kitin; det ligner stoffet keratin, som dit hår og dine negle er lavet af.

Mens sommerfuglene venter på, at deres vinger skal tørre, renser de fødderne og ansigtet og samler deres sugesnabel (som består af to halvdele). Det sker ved hjælp af kroge, der hægtes sammen lige som velcro, så der dannes et drikkerør.

Nu kan vores sommerfugle tage på en prøveflyvning; Tophastighed 19 km i timen.

Sommerfuglens føde er nektar og vand (især hvis det indeholder mineraler), som de drikker gennem deres sugesnabel. Den er en slags sugerør, der er rullet op som en fjeder.

De har ikke nogen mund og drikker kun; så de kan tisse, men kan ikke have afføring!

Sommerfugle trækker lige som larver vejret gennem spirakler (åndehuller) og har et ydre hudskelet, men på andre måder er de meget forskellige fra larver, og det er ikke bare fordi de har vinger.

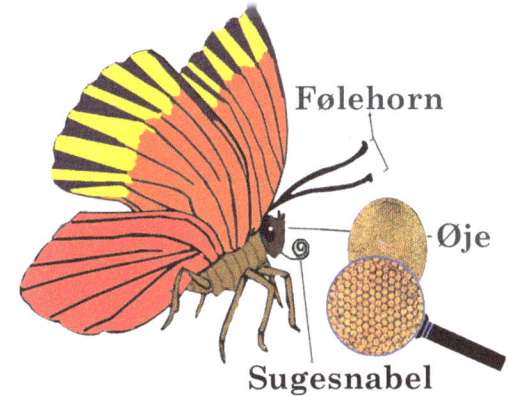

Sommerfugle har specielle øjne, der hver især har mellem 12.000 og 17.000 mikroskopiske linser, som du vil kunne se under lup. De kan se blomstermønstre, som er usynlige for mennesker, og det hjælper dem til at finde nektar, som de smager på med fødderne!

Sommerfugle varierer i størrelse fra 3 mm til 30 cm, og deres to følehorn bruges som en radar til at holde balancen med. De kan ikke lukke øjnene og kan heller ikke sove, men de kan hvile sig. De har fire vinger, to nærmest trekantede forvinger tæt på hovedet, og to vifteformede bagvinger. Deres vinger er belagt med små skæl, og det er skællene, der giver dem deres farve og mønstre.

Mønstrene bruges til at identificere og tiltrække en mage og som camouflage. Sommerfugle er rigtig gode til at skjule sig selv og til at skabe mønstre, for eksempel i form af skrækindjagende øjne på vingerne. Det er for at skræmme rovdyr væk.

Sommerfugle er koldblodede skabninger. Det betyder, at de ikke kan bevæge sig, hvis det bliver for koldt, og så har de brug for at overnatte på et lunt sted, før deres ben og vinger kan fungere igen.

Nogle gange på en varm vinterdag lader de sig narre og vågner for tidligt op, og det er ikke så godt, hvis det bliver koldt igen.

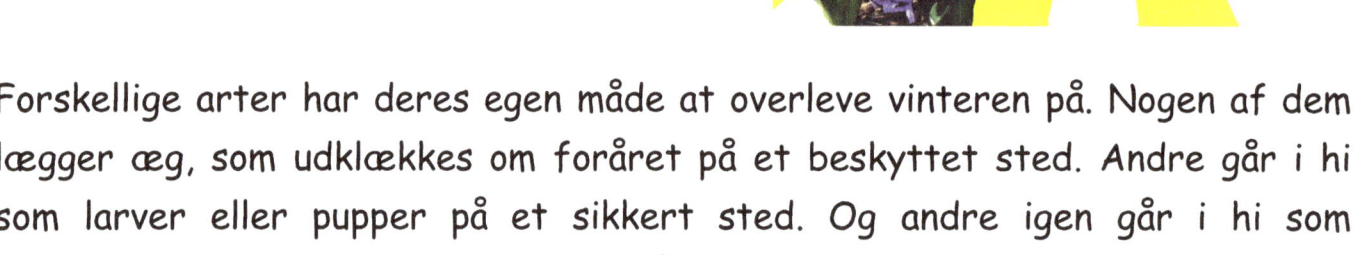

Forskellige arter har deres egen måde at overleve vinteren på. Nogen af dem lægger æg, som udklækkes om foråret på et beskyttet sted. Andre går i hi som larver eller pupper på et sikkert sted. Og andre igen går i hi som sommerfugle, for det meste i barken på træer eller i en bygning.

Den sidste mulighed er migration til et varmt klima.
Over 200 sommerfuglearter migrerer over lange afstande. Den mest kendte af dem er monarksommerfuglen, som i grupper af flere generationer kan rejse så langt som 4.000 km.

Migration er forbløffende, men hvad med sommerfugle i rummet?

Monarksommerfuglen og tidselsommerfuglen oplevede en spændende begivenhed i deres korte liv, da de blev de første sommerfugle i rummet. Larverne forpuppede sig nemlig og kom derefter ud af deres kokoner på den internationale rumstation i 2009.

Rumstationens leder Jeff Williams sagde, at også astronauterne var lykkelige over at have noget konkret fra jorden til at flyve omkring i deres rumskib.

En sommerfugls liv varer fra en uge til et år alt efter, hvilken art der er tale om, og den tilbringer sit liv med at drikke, befrugte planter, finde sig en mage og lægge æg, måske endda på den samme blomst, hvor den selv startede sit liv.

Som du kan se, er blomsten kommet sig efter at være blevet spist af.

For flere hundrede år siden blev forskerne trætte af, at den samme ting havde flere forskellige navne. Det forvirrede dem.

I 1735 skabte Carl von Linné, en svensk naturforsker, et navneklassificeringssystem, der kaldes "binomial nomenklatur", som hovedsagelig var baseret på latin, et sprog, som uddannede mennesker overalt forstod.

Ordet "Lepidoptera" er græsk og betyder "med skælbelagte vinger". Alle sommerfugle og natsværmere tilhører Lepidoptera-familien. Det tyrkiske ord for monarksommerfuglen er "Kral kelebegi", men alle forskere ved, at den latinske "Danaus plexippus" er en monarksommerfugl.

Det var en genial ide, som betyder, at forskere kan forstå hinanden, fordi de bruger fælles sprog, nemlig græsk og latin. Ordene fortæller, hvordan den del, der beskrives, ser ud, eller hvilken funktion den har. Nedenfor er en liste over andre ord, som du vil finde i historien. Det er helt almindelige ord, som fortæller os om en del af insektet. Nogle gange er det et ordbillede som for eksempel antenne for følehorn, fordi det på insekter ligner den vandrette rå på en skibsmast, hvorfra sejlene sættes.

Her finder du nogle latinske ord, som vi har brugt.

Abdomen = mave	Imaginalskiver = billeder	Proboscis = sugesnabel
Antenne = følehorn	Instar = form eller lighed	Puppe = lille pige, dukke
Bombyx mori = silkesommerfugl	Mandibula = underkæbe	Setae = børster
Kokon = beskyttende silkelag	Migrere = skifte opholdssted	Spirakler = åndehuller
Gå i hi = tilbringe vinteren	Prædator = rovdyrr	Thorax = brystkasse

Evelyn Wood

Hvad har Too Woo i sin taske?

Her er nogle ting, som det er godt at have med, når du går på opdagelse, for de beskytter dig og sikrer, at du ikke bliver sulten eller tørstig. Du kan selv tilføje flere ting!

En sommerfugl fortalte mig den her historie om en grådig edderkop.

En dag, hvor sommerfuglen fløj omkring, blev den fanget i en edderkops spindelvæv.

Sommerfuglen forsøgte i første omgang at baske vingerne. Først med den ene og så den anden, men begge sad fast.

"Der fik jeg dig", råbte edderkoppen.
"Hvem er du?" spurgte sommerfuglen.
"Jeg er den edderkop, som har fanget dig i sit net, og om lidt vil jeg æde dig!"

Sommerfuglen forsøgte at slippe fri, men en flue, der fløj forbi, råbte:
"Lad være med at stritte imod. Det gør det bare værre."

Edderkoppen kom gående hen imod sommerfuglen og viste tænder.

"Du er fed", sagde hun.

Edderkoppen stoppede op og kiggede på hende. "Hvor er du grov. Man skal aldrig kommentere andres størrelse."

"Du har lyst til at æde mig. Det er grovere end at sige, at du er fed. Og du er ikke alene fed, du sveder også".

Edderkoppen blev rasende. "Hvor vover du", råbte han. "Hvor vover du at være så ubehøvlet!"

Sommerfuglen bevarede roen og sagde udglattende "Det sagde jeg kun for at være hjælpsom. Alle ved jo, at folk, der sveder, ikke virkelig kan nyde deres mad". Hun holdt en pause og smilede tappert til ham. "Og hvis jeg skal ædes, vil jeg gerne have, at det skal være en nydelse. Det er rimeligt nok, ikke?"

Edderkoppen satte sig og kløede sig i håret.

"Ok, det er sandt nok, at jeg ikke virkelig nyder min mad, og at jeg er varm, men jeg er også sulten, så hvad kan jeg gøre?"

"Altså", sagde sommerfuglen, "jeg kunne vifte på dig og afkøle dig."

"Vifte på mig?" spurgte edderkoppen.

"Ja, hvis du bare løsner en af mine vinger, så vil jeg vifte på dig".

"Hvis jeg gør det, løber du jo din vej".

"Hvordan skulle jeg kunne det? Begge mine vinger sidder jo fast".

Edderkoppen tænkte sig om længe. "Ok, hvis du lover ikke at løbe din vej".

"Det lover jeg", sagde hun.

Edderkoppen løsnede spindelvævet rundt om den ene af hendes vinger, så hun kunne baske med den.

"Åh, det er virkelig dejligt, fantastisk! Men jeg kunne godt tænke mig, at det var en lille smule kraftigere".

"Hvis du løsner den anden vinge også, vil det blive dobbelt så godt", sagde sommerfuglen.

"Dobbelt så godt", funderede edderkoppen."Dobbelt så godt, dobbelt så godt ... og du lov .. ."
"Ja, jeg lover ikke at løbe min vej", afbrød sommerfuglen.

Edderkoppen løsnede den anden vinge, og sommerfuglen bevægede sine vinger meget hurtigt.

"Åh det er vidunderligt, så kølende, så forfriskende, så appetitvækkende.

Han kiggede grådigt på hende, netop som hun hævede sig op fra edderkoppespindet.

"Kom tilbage", råbte han. "Du lovede!"

"Jeg lovede, ikke at løbe væk, og det gør jeg heller ikke. Jeg flyver væk".

Hun landede sikkert på en blomst i nærheden og drak tørstigt af dens nektar.

Edderkoppen var ude af sig selv af raseri. "Din svindler!", råbte han. "Du er en svindler! Jeg vil aldrig mere stole på en sommerfugl, aldrig!"

Han rasede, sparkede og var ude af sig selv og lavede så meget støj, at det advarede alle andre, så de styrede uden om hans edderkoppespind.

Den nat sov sommerfuglen i en fingerbøl, lykkelig og tilfreds.

Edderkoppen gik sulten i seng!

Quiz!

Kan du svare på følgende spørgsmål?

1. Hvor mange sommerfuglearter findes der?
2. Hvilke andre skabninger kan måske æde larven?
3. Kender du nogle måder, den beskytter sig selv på?
4. Hvis du voksede lige så hurtigt som en larve, hvor høj ville du så være?
5. Du ville veje det samme som hvad?
6. Hvor mange ben har en larve?
7. Hvordan lugter en larve sin mad?
8. Hvad er det larven skiller sig af med, mens den vokser?
9. Hvordan forvandles larven til en sommerfugl?
10. Hvor hurtigt kan en sommerfugl flyve?
11. Kan sommerfuglen have afføring?
12. Hvordan overlever sommerfugle vinteren?
13. Hvor sidder sommerfugles smagssans?
14. Hvad var det, Carl von Linné skabte?

Svarene kan du se på side 21.

Farvelæg din egen larve og din egen sommerfugl

Hvordan ser din sommerfugl ud? Her er nogle figurer, som du kan farvelægge.
Måske kan du få en sjov oplevelse ud af det.

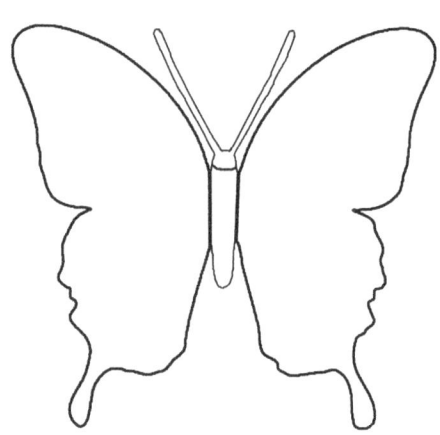
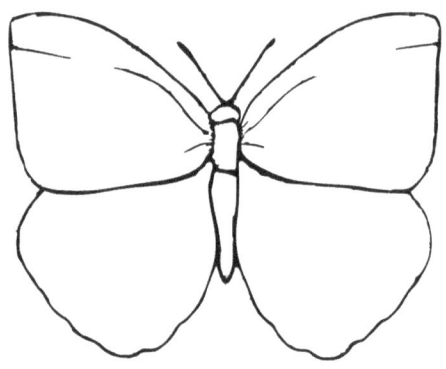
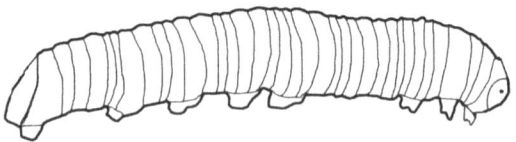

Evelyn Wood

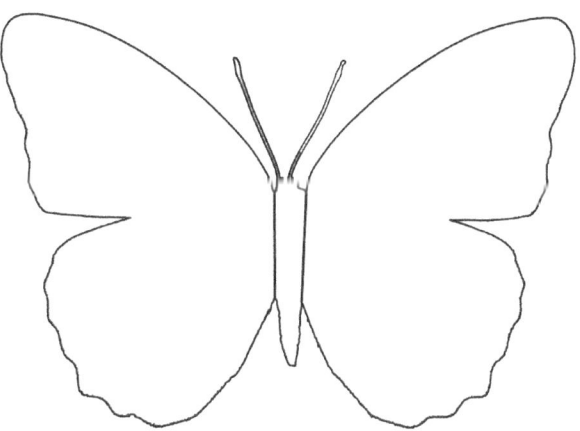
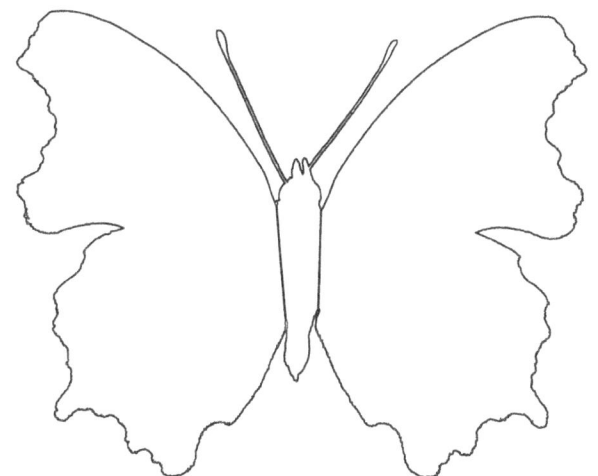
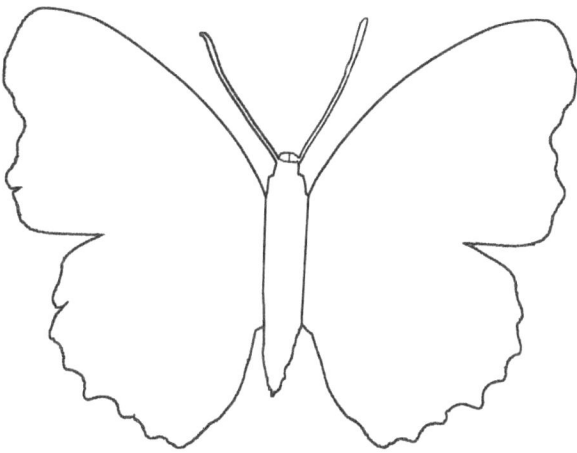

Her er nogle få kildehenvisninger, som måske kan inspirere dig til at opleve mere.

Bøger:

1. Den Store Danske Encyklopædi, bd. 17. Gyldendalske Boghandel, Nordisk Forlag A/S, 1994. Morten Top-Jensen: Danmarks sommerfugle - en felthåndbog over samtlige dag - og natsommerfugle.
2. Michael Stoltze: Danske dagsommerfugle, Gyldendal, 1996.
3. Michael Stoltze: Gyldendals guide til danske sommerfugle, 2003
4. Gads håndbog om sommerfugle, af Lars Trolle, Gads Forlag, 2003

Internetsider:

A. www.danskesommerfugle.dk/

B. www.lepidoptera.dk/lep-facts.htm

C. http://www.denstoredanske.dk/Naturnaturguide.dk › Danmarks dyreliv › Insekter

D. http://www.skoven-i-skolen.dk/content/sommerfugle-http://sommerfugleatlas.dk

E. http://samvirke.dk/forbrug/gallerier/saadan-genkender-mest-almindelige-sommerfugle-danmark.html

Evelyn Wood

Quiz besvarelse:

1. Mellem 15.000 og 20.000.
2. Fugle, firben, edderkopper, hvepse, fluer, biller m.m.
3. Beskyttelse fra myrer, camouflage og dårlig lugt.
4. 8 meter
5. En fru Flodhest.
6. 16.
7. Med sine følehorn.
8. Sin hud.
9. Metamorfose. Den bliver til en puppe.
10. 19 km i timen.
11. Nej.
12. Går i hi eller migrerer.
13. Med deres fødder.
14. Et videnskabeligt navngivningssystem.

OM FORFATTEREN

Som dreng sad jeg i timevis og kiggede på de gaffelhaler, der levede på piletræet i vores have. De er smukke skabninger og kunne, blev jeg fortalt, sprøjte syre ud fra deres haler, hvis de blev angrebet. Denne tidlige fascination er blevet hos mig gennem hele livet og gennem min karriere inden for landbrug og business. Jeg har været så heldig at have levet og arbejdet i en række lande i Europa, Afrika og Asien, som alle havde en vidunderlig fauna og flora at udforske. Jeg håber, at denne lille bog kan være til inspiration og vække en tilsvarende interesse hos børn i at udforske naturens verden.

Jeg bor nu i London og bruger mine dage på at skrive, male og lave mad. Min nysgerrighed er stadig lige så stor, som da jeg var yngre, og jeg er af den opfattelse, at ingen bør lægge sig til at sove om aftenen, før de i dagens løb har lært en ny færdighed eller er blevet klogere på et eller andet.

Tag på opdagelse med Too Woo – Sommerfuglenes magiske verden

Mine notater

Brug pladsen her til at skrive ned, hvor du var og datoen for, hvornår du så sommerfuglen eller dens larve, og navnet på den.

Hvis du har din egen notesbog lige som Too Woo, kan du selv bestemme, hvordan du vil gøre det. Måske vil du også lave en tegning?

DATO	STED	NAVN

www.ingramcontent.com/pod-product-compliance
Lightning Source LLC
Chambersburg PA
CBHW061933290426
44113CB00024B/2895